DE LA

CODIFICATION

D'APRÈS

LES IDÉES ANTIQUES

PAR

H. SUMNER-MAINE

DE L'UNIVERSITÉ DE CAMBRIDGE

PARIS

ERNEST THORIN, ÉDITEUR

Libraire du Collège de France, de l'École normale supérieure,
des Écoles françaises d'Athènes et de Rome

7, RUE DE MÉDICIS, 7

1880

DE LA

CODIFICATION

D'APRÈS

LES IDÉES ANTIQUES

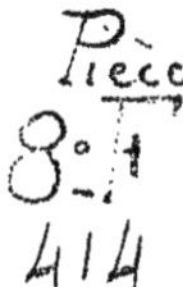

Extrait de la *Revue générale du droit.*

TOULOUSE. — IMP. A. CHAUVIN ET FILS, RUE DES SALENQUES, 28.

DE LA

CODIFICATION

D'APRÈS

LES IDÉES ANTIQUES

PAR

H. SUMNER-MAINE

DE L'UNIVERSITÉ DE CAMBRIDGE

PARIS

ERNEST THORIN, ÉDITEUR

Libraire du Collège de France, de l'École normale supérieure,
des Écoles françaises d'Athènes et de Rome

7, RUE DE MÉDICIS, 7

1880

DE LA

CODIFICATION D'APRÈS LES IDÉES ANTIQUES

L'une des premières choses apprises, en commençant l'étude du droit romain, est que les jurisconsultes de l'époque classique divisaient l'ensemble des prescriptions légales en trois parties : droit des personnes, droit des choses et droit des actions. Mais bien que cette étude, — suivant le programme de l'enseignement actuel, — nous initie presque dès l'abord aux discussions ardentes que soulève la valeur de cette classification, il peut s'écouler beaucoup de temps avant que nous saisissions toute l'étendue et l'importance de la littérature dont elle a provoqué l'éclosion. Il semblerait, en fait, qu'au dix-septième siècle, — ère remarquable dans l'histoire juridique, — les théories sur la classification du droit aient accaparé en grande partie, la place de ces théories réformatrices qui ont tant occupé les esprits de la dernière génération en Angleterre. L'activité continue de nos législatures est un phénomène entièrement moderne; et précédemment toute intelligence d'un type analogue à celle de Bentham, au lieu de spéculer sur la possibilité de transformer le droit *pour le plus grand bien-être du plus grand nombre* (1) ou d'après tout autre principe, aurait plutôt spéculé sur la possibilité de l'ordonner suivant un plan nouveau et plus philosophique. Le progrès en vue était donc plus une refonte des traités de droit qu'une réforme du droit lui-même. L'exemple le plus curieux de ces théories poussées à l'extrême est peut-être la tentative de Domat pour répartir le droit tout

(1) On sait, en effet, que telle est la formule qui résume l'application des théories utilitaires de Bentham, transportées dans le domaine de la législation (*N. du Tr.*).

entier sous les deux *grands commandements* prêchés dans le vingt-deuxième chapitre de l'Evangile selon saint Matthieu : l'amour de Dieu et l'amour du prochain. Mais, au fond, l'arrangement que les compilateurs des Institutes de Justinien empruntèrent à Gaius, c'est-à-dire la distribution du droit en droit des personnes, droit des choses et droit des actions, devint le point de départ des théories sur la classification juridique. Son histoire ressemble à celle de mainte autre proposition non moins fameuse. Après l'avoir laissée pendant longtemps à l'écart on en vint à la regarder comme l'expression d'une vérité absolue, et l'on admit qu'il existait une différence essentielle et fondamentale entre les trois grands départements créés par les Romains pour la division du droit. Sans doute, cette opinion n'a guère affecté la jurisprudence anglaise ; mais les jurisconsultes anglais se sont parfois heurtés aux déductions que l'on en tire, lorsqu'ils ont eu à traiter des questions de droit international privé, ou, en d'autres termes, lorsqu'ils se sont trouvés en telle et telle circonstances où une communauté reconnaît et applique certaines portions d'une législation étrangère. Plus tard, on observa que l'application rigoureuse de la doctrine romaine entraînait des difficultés et l'on se mit en frais d'ingéniosité pour les écarter ou les concilier avec les textes. Puis, finalement, on déclara que ce système était insoutenable en théorie et ne méritait d'être mentionné dans les livres qu'en raison de son rôle historique. Aussi, de l'aveu général des commentateurs modernes, la division du droit, suivant les Romains, en droit des personnes, droit des choses et droit des actions, doit-elle être regardée comme entièrement rejetée de nos jours.

Une classification parfaite serait celle qui distribuerait les prescriptions légales d'après leurs relations mutuelles et devrait être, par conséquent, fondée sur une analyse complète de toutes les conceptions juridiques; aussi la question n'a-t-elle rien perdu de son attrait pour les plus vigoureux esprits de notre siècle. Les spéculations d'Austin sur la classification remplissent presque tout ce qui nous reste de ses écrits, et l'on peut lire une bonne étude de Stuart-Mill sur le même sujet dans le second volume de ses *Dissertations et discussions*. Sur le continent européen, ces questions sont d'un intérêt encore plus pratique à cause de la codification graduelle du droit chez tous les peuples civilisés, sauf en Angleterre et dans les pays soumis à l'influence immédiate du système législatif anglais. Un Code, en effet, doit être ordonné d'une façon quelconque, et l'on ne se refusera guère à admettre que l'arrangement le plus philosophique soit le meilleur. Mais ici, les auteurs s'accordent en grande majorité, quels que soient d'ailleurs leurs titres à émettre une opinion, pour déprécier la classification romaine et la plupart des classifications qui en dérivent; parfois même leur critique est d'une violence singulière. Cette mode de décrier, sinon de dédaigner absolument aujourd'hui le plan des Institutes, menace de produire une réaction, et j'en vois la preuve dans un courageux essai de réhabilitation récemment tenté en Amérique. Il serait peut-être assez inutile d'attirer l'attention sur un petit livre publié à Chicago et écrit par un professeur de droit à l'université d'Iowa; mais la préface de M. Hammond en tête de la réimpression américaine d'une édition bien connue des *Institutes*, celle de M. Sandar, renferme de beaucoup la meilleure défense que j'aie rencontrée en faveur de la distribution classique du droit. A mon sens, cette dépréciation habituelle est moins le résultat d'une véritable erreur que le fait d'une critique inopportune. Les classifications juridiques proposées par les penseurs modernes sont des classifications de *droits* légaux. Chaque système a pour centre ou pivot l'idée de *droit* légal. Or, si étrange que cela paraisse, les Romains n'ont jamais pu atteindre, ou, du moins, atteindre entièrement la conception du *droit* légal qui nous semble si élémentaire. Dans la langue usuelle des jurisconsultes romains, *jus* signifie, non le *droit*, mais « ce qui est ordonné, » *jussus*, c'est-à-dire « la *loi*, » — et plus ordinairement telle ou telle branche spéciale de la *loi*. Sans doute, le mot *jus* comporte bien des acceptions qui approchent parfois, et même de très près, la signification de *droit*; mais, au fond, nous devons regarder les Romains comme ayant échafaudé leur célèbre système sans l'aide de la conception du *droit* légal. Il nous faut être constamment en garde contre les illusions nées de cette stabilité incontestée que l'on attribue à la science juridique, comparée aux autres départements de la pensée. Plus d'un auteur moderne nous parle des Romains comme si nous devions les blâmer de n'avoir pas su concevoir clairement l'idée de droit légal ; Mill lui-même qualifie sur ce point leur terminologie de « malheureuse; » mais la vérité est, — et elle me paraît assez frappante, — que l'idée de droit ne s'est développée que fort lentement. Dans l'esprit des jurisconsultes romains elle se compliquait d'une foule de notions étrangères qui l'obscurcissaient d'autant. Au moyen âge, elle devint plus claire, sans doute parce que la scolastique avait entrepris de l'approfondir. Mais il est indéniable que la première définition correcte et logique du mot *droit* remonte aux recherches analytiques de Bentham et d'Austin. Je trouve donc beaucoup à reprendre aux expressions trop sévères employées parfois pour désigner la carte des provinces du droit telle que l'ont tracée les Romains ; car on semble par là reprocher à des gens qui ne s'étaient pas encore élevés jusqu'à la conception du droit légal, de n'avoir pas anticipé sur les méthodes de classification qui ont précisément les droits pour base. Si nous voulons être justes envers les premiers jurisconsultes de l'antiquité qui aient divisé le droit en droit des personnes, droit des choses et droit des actions, — nous devons nous représenter l'aspect du terrain juridique que cette division vint bouleverser, et nous verrons, je crois, que ce nouvel arrangement impliquait de leur part un grand effort d'abstraction. Le but de cette étude est de montrer quel était originairement, aux yeux des Romains, le domaine d'un système légal ; mais elle empruntera tout son intérêt à la lumière que projettent ici les recherches concernant certaines idées primitives sur le droit et la justice, idées qui paraissent avoir été jadis l'apanage d'une grande partie de l'humanité.

Le respect, — et même, pendant un moment, le culte, — dont on a entouré la classification des Institutes, est d'origine assez récente, bien qu'il ait déjà traversé des périodes de croissance, d'apogée et de déclin. Nous n'avons aucun motif de supposer que les jurisconsultes romains y attachassent une valeur exceptionnelle. Ils la confinaient dans leurs traités *institutionnels* ou précis de droit, sorte de manuels mis entre les mains des commençants. L'étudiant passait bientôt à l'Edit du Préteur et la plus grande partie de son éducation consistait à l'analyser minutieusement et à lire les nombreux commentaires dont il était le texte. Mais l'Edit du Préteur, même consolidé par Julien, ne divisait pas le droit en droit des personnes, des choses et des actions. Les Douze Tables, plus anciennes que l'Edit, ne portent pas trace de cette classification, non plus que tout autre *compendium* postérieur de droit romain. Les Codes Grégorien et Hermogénien reposaient sur un principe tout différent; il en était de même pour le Code de Théodose II, et il en est encore de même évidemment pour le Code et le Digeste de Justinien. Lorsque se raviva, au moyen âge, la science du droit romain, ce ne fut pas le plan des Institutes qui régla le cours des études bientôt suivies par des milliers d'étudiants. Comme on peut le voir dans la Préface de M. Hammond, les professeurs observaient, au moyen âge, ce qu'on appelait l'*ordre légal*, c'est-à-dire l'ordre des questions légales d'après le texte du livre mis sous les yeux de l'assistance. La classification des Institutes ne s'imposa qu'aux dépens de cet *ordre légal*. « Il survécut dans les écoles de droit, » nous dit M. Hammond, « jusqu'à la fin du dix-huitième siècle, et, par conséquent, jusqu'après l'époque de Blackstone. Mais l'importance toujours croissante des Institutes dans le plan des études conduisit peu à peu à regarder leur arrangement comme la base scientifique de tout système de jurisprudence. » Il est pourtant aujourd'hui certain, — et cela en des matières d'une importance bien supérieure à la classification du droit, — que si l'on veut renouer le fil de la pensée humaine, il faut reprendre et réexaminer à nouveau la plus grande partie de ce que le dix-huitième siècle a rejeté au nom de la science ou sous d'autres prétextes non moins spécieux. Quel était donc cet *ordre légal* constaté dans le Digeste et dans le Code, et qui, depuis la compilation de ces recueils a su garder sa place pendant dix siècles, et servir à classer les documents législatifs d'une société caractérisée par un génie si essentiellement juridique? On trouvera, je pense, à cette question plus d'intérêt que n'en mériterait une curiosité purement technique ou un simple problème d'archéologie.

Le première trace de cet arrangement, maintenu avec une persistance si extraordinaire en droit romain, remonte aux fragments des Douze Tables, qui en furent, jusqu'à la fin, la base théorique. Depuis Godefroy, nous pouvons nous faire une idée générale du contenu de chaque Table sauf de la onzième et de la douzième; mais nous n'avons à nous occuper ici que des trois premières, — de la première plus spécialement. Cette première Table contenait un certain nombre de règles *de in jus vocando*, sur les préliminaires d'une procédure judiciaire, la citation du défendeur et les excuses ou, — pour employer une expression usitée plus tard par les Teutons et qui s'est frayée un chemin dans notre vieux droit anglais, — les *essoins* que l'on pouvait invoquer pour justifier son défaut. La seconde Table traîtait de la procédure à suivre lorsque l'affaire était portée devant le tribunal, puis, — telle est du moins l'opinion commune, — du vol ; elle sautait ainsi de la procédure légale à la soustraction frauduleuse d'un meuble. La troisième Table contenait des règles relatives aux dépôts. Inutile d'aller plus loin ; rappelons-nous seulement que le premier Code de droit romain traitait d'abord de la procédure, puis, en même temps ou immédiatement après, il considérait la question du vol et du dépôt. Les matières discutées dans les autres Tables semblaient toutes jetées ainsi au hasard. Passons maintenant à l'Edit prétorien ou Edit perpétuel, recueil de la jurisprudence d'Equité par opposition an droit coutumier (*Common Law*) que formait l'interprétation des Douze Tables et l'agglomération de règles dont elles étaient le noyau. L'Edit suivait incontestablement un plan qui lui était propre. Je ne veux pas discuter ici à quelle époque et sous quelle forme, ce nouvel agencement parut pour la première fois. Il débute par un titre qui correspond évidemment à la première Table des Décemvirs, bien que formulé d'ordinaire en termes différents, *De actione dandâ*. Le second titre, comme la seconde Table, traite de la procédure devant le tribunal. Dans le troisième titre, il est question du dépôt; mais le vol, au lieu de venir en première ligne après la procédure, comme dans le Code primitif d'après la croyance générale, n'occupe que la dernière partie du quatrième titre, encore y est-il précédé par la dot et la tutelle. Les autres titres ont également une corrélation plus ou moins exacte avec les Douze Tables, et, au fond, la classification de l'Edit semble une forme modernisée de l'ancien ordre adopté pour les Tables décemvirales. Il est parfaitement établi que les Romains conservèrent, dans la plus grande partie de leur littérature juridique, la distribution des matières de l'Edit et qu'elle influença les premiers essais de codification ; mais on a longtemps discuté pour savoir si elle a déterminé l'ordre suivi dans le Code et le Digeste de Justinien. A première vue, on ne découvre pas le moindre trait de ressemblance ou de corrélation ; mais le motif en est que la véritable classification de ces deux compilations célèbres se trouve précédée, en guise de préface, d'une introduction volumineuse. Dans le Code, la préface est ecclésiastique ; dans le Digeste, on rencontre d'abord quelques propositions générales sur le droit, puis la nomenclature et la description des divers offices impériaux se rattachant à l'administration de la justice ou possédant une juridiction quelconque. Le corps du Digeste ne commence réellement qu'avec le quatrième titre du second livre, et débute précisément par le même sujet que la première Table du droit décemviral, *De in jus vocando*. On peut discerner ainsi l'étroite corrélation des deux monuments, le plus reculé et le plus récent du droit romain, à travers une série de textes qui n'embrasse pas moins de dix-neuf livres du Digeste ; seulement le vol est retombé dans cette obscurité qui caractérise le droit moderne et le distingue du droit ancien.

D'après ce simple résumé des recherches qui ont occupé plusieurs générations d'érudits, il semblerait que la forme du droit romain a été fortement influencée par l'arrangement primitif des Douze Tables. Avons-nous la clé, connaissons-nous la signification et le principe de cette vieille classification juridique? A première vue, ce n'est qu'un véritable désordre, et elle se rattacherait encore moins en apparence, à une notion dominante et régulatrice que l'arrangement de notre Digeste anglais classique, l'*abrégé* de Bacon, qui débute par un *plaid en abatement contre la juridiction de la Cour* (1), continue en traitant des *ambassadeurs* et des *attorneys*, et peut réclamer au moins l'avantage de l'ordre alphabétique. Toutefois, supposer que l'arrangement des Douze Tables pourrait être élucidé par ce que l'on a récemment appelé la *méthode comparative* n'est pas une idée nouvelle. Depuis que l'on étudie le plus ancien et le plus pur des codes teutoniques, la *Lex Salica* des Franks, on a toujours remarqué les traits curieux de ressemblance qui le rapprochent

(1) *Abatement*, — vieux terme de droit anglo-normand, importé en Angleterre lors de la conquête, — et qui signifie ici *abattre le procès* en opposant une *exception d'incompétence* (*N. du Tr.*).

du plan suivi dans tous les monuments de droit romain, sauf les Institutes. Le premier titre, *De mannire*, se réfère aux citations et comparutions devant une Cour, répondant en cela exactement à la première des Tables romaines et au premier titre de l'Edit. Les sept titres suivants concernent le vol dont il était précisément question dans la seconde partie de la seconde Table romaine. Les titres de la loi Salique sur les vols de porcs, de bêtes à cornes, d'animaux domestiques, de volatiles apprivoisés, etc..., se suivent ainsi jusqu'au titre IX où l'on considère le chapitre du dommage; mais le codificateur retourne immédiatement au vol, et bien qu'il s'interrompe ensuite pour traiter de l'homicide et autres crimes sérieux, c'est au vol qu'il revient sans cesse pendant la plus grande partie du Code. Le titre s'approchant le plus du dépôt romain ne se présente qu'au milieu de la loi Salique ; il porte le chiffre L avec un intitulé en latin barbare, *De fides factas* ; mais il a été élaboré avec le plus grand soin et a fourni, de nos jours, à l'érudition allemande une source d'alimentation inépuisable. Il reste établi qu'en fait la loi Salique des Germains débute comme loi des Douze Tables par inscrire, en tête du droit, le droit des actions, ce qui est, aux yeux des jurisconsultes modernes, un véritable paralogisme; qu'en outre, comme les Douze Tables, elle accorde une place très importante au vol, — l'un des sujets les plus insignifiants du droit moderne; qu'elle discute avec soin les obligations contractuelles, mais qu'elle ne leur donne en aucune façon une place proportionnée à celle que les Institutes romains réservent aux contrats. Ces ressemblances, je l'ai déjà dit, n'ont pas été sans attirer l'attention depuis un certain temps; mais il y avait lieu de se demander si elles prouvaient rien au delà de ce fait que le codificateur frank aurait entendu parler de l'*ordre légal*. D'une part, il était fort probable que le Code Théodosien entrait pour quelque chose dans l'idée première de la codification franke; d'un autre côté, on peut dire que la substance de la loi Salique ne trahit rien qui la fasse remonter à la jurisprudence romaine. Elle est franchement barbare. En outre, l'ordre des questions traitées dans la loi Salique n'est point celui du droit romain ultérieur que les Franks auraient vraisemblablement adopté, mais celui du droit romain primitif dont il est à peu près impossible qu'ils aient eu la moindre connaissance. Après la procédure, la loi Salique traite du vol. Ainsi faisaient les Douze Tables suivant l'opinion la plus plausible; mais dans le droit romain ultérieur le vol est devenu une offense criminelle sans avoir cependant une trop grande importance. La vérité est que la place proéminente assignée au vol est le trait distinctif d'une législation barbare. Elle appartient à une époque où les meubles ont bien plus de valeur que les immeubles, la propriété *personnelle* que la terre. Lorsque le législateur insiste sur le vol, on peut en inférer, avec une certitude exceptionnelle, que la communauté pour laquelle il rédige les lois possède plus de terres qu'il ne lui est nécessaire pour son agriculture, et que la proie ordinaire de la violence ou de la fraude est le meuble : esclave, — animal domestique, — ornement ou ustensile, produit d'un art qui s'efforce de suppléer à l'habileté par un travail consciencieux.

Les arguments présentés contre la filiation qui lierait l'arrangement salique à l'arrangement romain m'ont toujours semblé prépondérants indépendamment des autres matériaux pouvant aider à se former une opinion définitive. Or, ces nouveaux matériaux mettent la question hors de doute. Le droit irlandais, récemment découvert, ne nous ferait, il est vrai, guère avancer sur ce point. Son originalité consiste, avant tout, dans la part extraordinaire dévolue à la procédure. Le principal livre de droit irlandais, — livre qui prétend passer pour un code, et qui réclame dans sa préface l'honneur d'avoir été élaboré alors que Théodose II était *le monarque du monde*, — se compose presque uniquement de règles sur la saisie. Nous avons sans doute ici la contre-partie celtique de la première Table romaine *De in jus vocando*. La saisie était, chez les Irlandais, — comme elle l'avait probablement été autrefois chez les Grecs, les Romains, les Germains, les Hindous, et peut-être chez tous les peuples, — le mode usuel de *vocatio in jus*, la manière la plus pratique de forcer la personne dont on se plaignait à comparaître devant le tribunal et à soumettre le litige, soit à un arbitrage, soit à une véritable décision judiciaire. L'état de choses qui régnait alors n'a laissé que peu de traces dans le droit romain et hindou ; mais dans le droit teutonique, les souvenirs en sont plus abondants. Vous avez éprouvé un dommage, et le remède primitif que la nature met à votre disposition, — celui des représailles appuyé par la force, — semble si efficace que vous l'employez avec la tolérance ou sous le contrôle de la loi pour obliger votre adversaire à vous suivre en justice. Mais si la corrélation est jusque-là manifeste, il est impossible de pousser plus loin le parallèle avec les Douze Tables, étant donnée la confusion singulière que nous offre la jurisprudence irlandaise. Le sujet discuté dans le code par excellence, le *Senchus-Mor*, immédiatement après la saisie, est le chapitre des otages, et l'on peut affirmer avec sécurité que ce devait être une branche importante du droit pour une communauté à l'état de lutte perpétuelle comme celle des anciens Irlandais. En réalité, une grande partie du droit est incidemment traitée dans le *Senchus-Mor* sous le titre de *saisie*, et il faut bien avouer que, ni dans ce code, ni dans tout autre livre de droit irlandais, n'existe le moindre indice évident de classification réfléchie. Nous pouvons seulement assurer en toute confiance, — et c'est là d'ailleurs un point important, — que les brehons ou jurisconsultes irlandais regardaient la manière d'amener le défendeur en justice comme le problème qui légitimement et naturellement devait prendre le pas sur tous les autres.

A mon sens, la clé de ces mystères se trouve dans les livres de droit hindou qui nous sont plus ou moins connus sous la dénomination fort impropre de *codes*. Il en est un, depuis longtemps accessible au public européen, grâce à d'excellentes traductions ; et ce soi-disant code de Manou est encore, aux yeux des Hindous orthodoxes, le recueil authentique des *lois sacrées* déclarées par Manou, dont *le pouvoir était immense*, aux *divins sages* qui l'avaient abordé pendant qu'il était *assis*, *courbé vers la terre et l'attention fixée sur un seul objet*. Mais les lois sacrées, promulguées dans cette circonstance, ne répondent aucunement à notre conception moderne d'un code. Le livre qui les renferme est, en outre, un traité complet du monde visible ou invisible, de l'art de gouverner et des différentes classes de la société hindoue. De même, les lois chrétiennes des brehons sont mêlées de discussions sur la cosmogonie et la logique ; et les Douze Tables romaines nous représentent évidemment des fragments de rituel. Le code de Manou, pris en lui-même, nous donnerait à penser que le droit ne devient l'objet unique de réflexions conscientes qu'après une évolution lente et progressive. Durant les premiers âges, il demeure associé à toutes sortes de propositions hétérogènes sur des matières qui affectent la vie présente ou future. Les sanscritistes d'aujourd'hui ne sont guère disposés, je crois, à reconnaître aux livres de droit hindou l'antiquité considérable qu'on leur attribuait autrefois (1). Suivant une théorie du professeur Max Müller, ils font remonter le texte rythmique de ces codes d'abord à des maximes exprimées sous une forme assez concise pour se graver d'elles-mêmes dans la mémoire, et en dernier lieu à la source par excellence des idées antiques, la littérature de la race aryenne. Mais, une fois composés, ces livres paraissent avoir subi ultérieurement une sorte de spécialisation. Le ritualisme dont les Douze Tables ont conservé l'empreinte visible possède un monument qui lui est particulier, et dans lequel se condense le résumé de ses prescriptions ; — ce sont les Tables Eugubines, souvenir remarquable d'une autre communauté de l'ancienne Italie et qu'hier encore nul n'aurait su déchiffrer. Enfin dans le livre de Nârada, désormais ouvert aux lecteurs anglais, on trouvera une version des *lois sacrées* de Manou où le droit proprement dit est isolé de tout autre sujet et envisagé comme il le serait par un codificateur moderne.

Dans les digestes compilés au moyen âge et qui forment la base du droit administré aujourd'hui dans l'Inde, on cite parfois Nârada comme une autorité presque égale à Manou. Au fond, Nârada comme Manou sont des êtres purement mythiques et les livres qui portent leur nom ne sont probablement autre chose qu'un *compendium* de l'enseignement juridique propre à des écoles différentes, organisées plus ou moins sur le modèle de la *gens* ou du clan. Les deux livres prétendent dériver des lois sacrées édictées par Manou, qui prit part à la création du monde ; mais l'auteur de l'ouvrage qui, à l'en croire, compren-

(1) « A ne consulter que le style et la composition des lois de Manou, il est évident que les siècles si libéralement accordés à cette œuvre devraient l'être bien plutôt en sens inverse, c'est-à-dire qu'il faudrait les compter depuis l'ère chrétienne et non auparavant. » Barthélemy Saint-Hilaire, *Journal des savants*, 1875, p. 505-506. — Or, William Jones ne réclamait pas moins de dix ou douze siècles d'antiquité avant l'ère chrétienne pour le code de Manou. On peut dire qu'un pareil désaccord, en matière de chronologie, équivaut à une ignorance absolue (*Note du traducteur*).

drait tout l'enseignement de Manou, cite précisément Manou comme un personnage distinct, et la préface du livre de Nârada raconte tout au long par quel procédé le code original de Manou se serait peu à peu spécialisé jusqu'à devenir un simple traité de droit civil. Manou, dit l'écrivain, composa un livre qui, entre autres choses, parlait de la création du monde, de la classification des êtres et énumérait les contrées qui leur avaient été assignées. Ce livre renfermait 100,000 çlokas, textes ou versets légaux. Manou le confia à Nârada ; mais suivant l'objection fort judicieuse de ce dernier, « il n'était guère facile pour de simples mortels d'étudier un ouvrage aussi volumineux. » En conséquence, Nârada prépara un abrégé en 12,000 çlokas que son disciple Sômati réduisit par la suite à 4,000. Les dieux seuls, ajoute l'introduction, peuvent lire le code original. Les hommes se contentent du second abrégé, puisque leur capacité s'est trouvée diminuée en raison de l'amoindrissement de leur vie.

L'intérêt du livre de Nârada, récemment traduit en anglais par le Dr Julius Jölly, de Wurtzbourg, consiste surtout en ce que l'auteur est bien plus jurisconsulte que l'auteur de Manou, et son livre se rapproche, par conséquent, bien plus d'un traité de droit. Tous deux étaient certainement des brahmanes. L'auteur de Manou est foncièrement clérical et semble ne regarder les sanctions de l'ordre terrestre que comme le complément et l'appui des pénalités spirituelles. Au contraire, l'auteur de Nârada s'en rapporte presque uniquement aux sanctions séculières. Le côté religieux de son caractère se trahit principalement dans ses exhortations véhémentes, et parfois vraiment saisissantes, en faveur de l'observance des lois et de l'accomplissement des devoirs moraux qu'impliquent les obligations juridiques. Toutefois, pour atteindre mon but actuel, j'ai seulement à faire ressortir ici que ces codificateurs brahmaniques, malgré des différences sensibles à de certains égards et provenant sans doute de ce que chacun d'eux réfléchit la doctrine de quelque école en grande vénération, s'entendent essentiellement dans leur manière de concevoir la disposition et les éléments d'un code. L'ordre des matières, tel que je vais l'indiquer, se retrouve dans le huitième chapitre du livre de Manou et s'observe également d'un bout à l'autre du traité de Nârada. C'est à ce dernier ouvrage que je l'emprunte, puisqu'il est à la fois plus simple et plus spécialement juridique.

Les huit parties constitutives d'une procédure sont : le roi, son officier ou représentant, les assesseurs, le livre de la loi, le comptable, le scribe ou greffier, de l'or et du feu pour les épreuves, et de l'eau pour les rafraîchissements. Le recouvrement d'une dette, les dépôts, les rapports entre copartenaires, la soustraction d'un objet donné, l'infraction à l'obéissance promise, le non-paiement des gages, le stellionat, la rétention de l'objet vendu, la rescision de la vente, le trouble de la paix publique, les actions en bornage, les devoirs d'époux, les questions successorales, la violence, les injures et voies de fait, le jeu, enfin les discussions d'intérêt quelconques.

Tels sont les dix-huit *chefs* ou causes de *litige.*

Le plan de cette distribution est rigoureusement suivi tout le long du traité, sauf en un point. On commence par décrire avec soin le mécanisme et la procédure d'une cour judiciaire. Le roi siège en personne sur le trône, tenant en main le livre de la loi ; mais bien que la justice soit toujours désignée sous le nom de *Justice royale*, on conseille fortement au roi de s'en référer à l'opinion du premier juge ou assesseur. Après un exposé complet de la judicature, l'auteur — sous la réserve d'un détail que je signalerai tout à l'heure, — passe au témoignage qui, à ses yeux, comprend le chapitre des épreuves. Puis, ayant ainsi fait son entrée en matière par un résumé de ce que, à la lumière des théories de Bentham, nous appellerions *Droit adjectif,* il continue en subdivisant le droit substantif en dix-huit branches qu'il intitule *chefs de litige.* Il les discute alors suivant l'ordre adopté pour leur énumération dans le passage que je viens de citer, avec une exception pourtant, — celle du premier *chef de litige* qui y est intercalé entre la judicature et le témoignage. Ce n'est peut-être là que le résultat d'un simple dérangement accidentel dans les plus vieux recueils de droit hindou ; mais il faut cependant remarquer que, dans le livre de Manou, on retrouve quelque chose d'analogue à ce déplacement dont le recouvrement des dettes est ici l'objet ; aussi me semble-t-il fort plausible d'admettre que cette particularité provienne d'une difficulté inhérente au sujet, — l'impossibilité d'expliquer le droit adjectif sans renvoyer au droit substantif, — et que l'auteur prenne ainsi hors rang l'un des *chefs de litige* à titre d'exemple pour éclaircir la doctrine du texte.

Le principe et le sens de cette ancienne classification me

frappent par leur évidence même. Le compilateur de Nârada ou son original suppose d'abord l'inévitabilité des querelles entre les hommes et il propose une manière de trancher leurs différends sans effusion de sang et sans l'emploi de la violence. La notion dominante toujours présente à son esprit, n'est ni celle de loi ou de droit ou de sanction, ni la distinction entre le droit naturel et le droit positif, ou entre les personnes et les choses, — mais l'idée de cour judiciaire. Le grand point est que, désormais, il existe une alternative en échange des représailles particulières, une nouvelle façon d'éteindre, en dehors du meurtre et du pillage, les inimitiés personnelles ou héréditaires. De là, la nécessité de placer avant tout la description d'une cour, de son mécanisme, de sa procédure et les conditions d'admissibilité de la preuve testimoniale. Puis, après avoir montré comment fonctionne l'institution destinée à apaiser les querelles, l'auteur se trouve conduit à répartir l'ensemble du droit suivant les causes de dissension, suivant les relations qui existent entre les êtres humains et donnent naissance à leurs divergences d'intérêt. C'est ainsi que les dettes, associations, rapports conjugaux, successions et donations sont envisagés comme autant de matières sur lesquelles des hommes parvenus à un certain niveau de civilisation auront des différends, — et l'énumération des droits ou obligations (comme nous dirions aujourd'hui) que ces rapports créent entre les intéressés, devra servir uniquement à guider la justice dans les considérants du jugement qu'elle est appelée à prononcer.

Cette explication embrasse, ce me semble, tout le problème que soulève la classification adoptée par les codes primitifs. Tous débutent, en apparence, par l'organisation judiciaire et distribuent le droit en *chefs de litige*. Même à vrai dire, le droit irlandais n'est jamais allé au delà de ces préliminaires sous forme de procédure. Toute la science et la subtilité des jurisconsultes brehons qui y ont collaboré s'est employée à définir les règles permettant d'amener les adversaires sous le contrôle de l'institution que les codes romain et hindou déclarent exister et continuer, depuis si longtemps, ses opérations actives et régulières. Néanmoins cette preuve de l'importance capitale attachée à la judicature est d'autant plus frappante. Ainsi que nous l'avons vu, les codes romain, frank et hindou divisent aussi en plusieurs branches les causes de dissentiment — sources naturelles des procès, — et l'ordre suivant lequel on étudie les chefs de litige me paraît dépendre de leur importance relative à l'époque où cet ordre a été fixé. Je ne doute pas que le hasard joue un certain rôle dans cet arrangement, mais il me semble qu'il doit y avoir un motif dans la prééminence accordée aux dépôts, en droit romain ou hindou et dans celle que l'on assigne au vol à la fois chez les Romains et les Franks Saliens. Nous pouvons tout au plus soupçonner les raisons qui déterminèrent l'importance spéciale des dépôts, mais j'ai déjà affirmé que, selon moi, l'importance du vol caractérisait un certain état d'avancement social et économique. Il est facile de suivre dans le droit romain l'amoindrissement de cette importance, diminuant, ainsi qu'on pouvait s'y attendre, en sens inverse du progrès de la population, de la valeur croissante des immeubles, de l'abondance des capitaux, enfin de la libre production des articles de luxe ou de nécessité et, par conséquent, de leur bon marché relatif. Il est assez curieux de noter que, bien que le vol ne soit point spécifié comme chef de litige dans le livre de Nârada, il se rencontre incidemment, dans le chapitre du dépôt, des allusions au vol, — se rattachant peut-être au souvenir de la situation juridique antérieure.

Je crois donc pouvoir en inférer ici que l'autorité des cours de justice éclipsait toute autre idée ou considération dans l'esprit de ces codificateurs primitifs, appartenant à des sociétés âryennes si éloignées et si différentes les unes des autres. L'évidence de cette hypothèse ne repose pas uniquement sur de simples probabilités ou sur l'interprétation des anciens recueils de Droit. Il est toute une littérature, la littérature islandaise, qui nous donne la plus vive impression du pouvoir et de la majesté des cours de justice au sein d'une société antique. On pourrait même soutenir que dans cette Islande, dont les travaux et l'érudition de Konrad Maurer nous ont révélé l'existence, il n'y a point, en dehors de la Cour, d'institution valant la peine d'être mentionnée. La société tout entière se moule autour d'elle, et c'est vers elle que convergent toutes les idées. Elle influence toute la littérature, prose ou poésie. Elle intervient d'une façon intime à chaque moment, dans chaque incident, chaque affection, chaque passion de la vie. Et comme la société dont on nous dépeint ici les mœurs est au plus haut degré violente et sanguinaire, tant qu'elle s'abandonne à son penchant naturel, il devient manifeste que ce n'est point la Cour telle que nous la comprenons, mais la Cour se dressant aux yeux de tous comme l'alternative opposée aux représailles de la force, comme prenant en main la vengeance de leurs victimes, — qui a pu atteindre cette indiscutable supériorité. Et nous n'avons nul besoin de nous plonger dans les documents historiques pour obtenir la preuve que c'est bien là un état naturel à l'esprit humain. Un phénomène analogue peut se reproduire, et se reproduit en fait assez communément dans le pays récemment émergé de l'anarchie qui finit par l'engloutir longtemps après que les lois de Manou et de Nârada avaient cessé d'être appliquées par les tribunaux dont ils nous exposent l'organisation. Lorsqu'une province soumise jusqu'ici à un gouvernement particulièrement mauvais se trouve annexée à l'Inde britannique, les premiers effets ne se traduisent ni par la satisfaction, ni par le mécontentement, ni par la continuité paisible des vieux usages, ni par l'adoption soudaine de nouvelles mœurs, mais par une affluence extraordinaire de dossiers dans le greffe des cours judiciaires toujours établies dès le début. C'est là un fait qui revient trop uniformément, et qui semble trop inexplicable à première vue pour n'avoir pas attiré l'attention. Mais on l'a généralement constaté avec regret, et lorsque, plus tard, on a eu le temps d'oublier la situation originelle du territoire annexé, on invoque cette humeur processive pour démontrer qu'en échangeant la domination indigène contre la domination anglaise, les populations n'acquièrent pas toujours des avantages sans mélange. Mais la véritable conclusion à tirer ici est celle que j'ai déjà signalée plus haut, — à savoir, que les cours judiciaires ont un immense ascendant sur l'esprit des hommes et exercent sur eux une attraction singulière lorsqu'elles se présentent pour la première fois, comme le moyen de régler des différends que l'on tranchait jusque-là par la violence ou qu'on laissait assoupir, faute de pouvoir les régler sans s'exposer à des risques prodigieux.

Une autre phase historique des cours judiciaires se trouve éclairée par le rapprochement instructif des régions les mieux administrées de l'Inde anglaise. Les ordres de la législature et du gouvernement anglo-indien sont bien plus aveuglément obéis que ceux de toute autre autorité préexistante, bien plus aveuglément même que les ordres des plus puissants empereurs mogols. Le droit est respecté dans l'Inde d'une manière aussi uniforme qu'en Angleterre, mais ses prescriptions y sont bien plus consciencieusement observées. Aujourd'hui, et il en sera probablement ainsi pendant longtemps encore, l'existence de cours judiciaires prêtant régulièrement main-forte à la loi demeure toujours présente à l'esprit des natifs soumis à leur juridiction, et cela à un degré que nous pourrions difficilement concevoir. Un renseignement qui me vient de source certaine aidera peut-être à mesurer ici l'importance du droit et de la Cour. Il paraît que dans une grande partie de l'Inde, les écoliers apprennent chaque jour par cœur des articles du code pénal ou du code de procédure, comme, au temps de Cicéron, la jeunesse romaine étudiait les *cantilènes* des Douze Tables. Chez nous, il m'est à peine nécessaire de le dire, l'observance des lois serait plutôt un acte réflexe. Le respect de leurs prescriptions est tellement passé dans nos mœurs et a dressé nos idées de telle sorte, que les tribunaux ont rarement besoin de recourir à la contrainte matérielle pour se faire obéir; aussi semblent-ils relégués à l'arrière-plan. Pour que le public non initié aux études spéciales entre en contact avec l'administration judiciaire, il faut que la loi paraisse douteuse ou que les intérêts en jeu soient particulièrement complexes. Sans doute, la force est toujours au service du droit, mais on la tient en réserve, sous une forme pour ainsi dire condensée qui permet de la soustraire aux regards. En définitive, la paix et la civilisation ont pour effet de diminuer la vénération consciente de l'humanité pour les cours judiciaires et d'amoindrir le sentiment permanent de leur importance.

Il est probable que le succès des cours primitives résultait en partie de ce qui, au point de vue moderne, serait considéré comme une défectuosité. Il semble qu'à côté d'elles aient survécu pendant longtemps les abus qu'elles tendaient précisément à détruire. L'indulgence de la procédure antique pour la barbarie de date immémoriale, se montre dans sa facilité à approuver partiellement le remède que les Anglais appellent *dis-*

traint (1) et les Allemands *selbst-hülf*, c'est-à-dire, le remède des représailles personnelles sur la propriété de l'adversaire. D'ailleurs, nous avons des preuves significatives que les anciens tribunaux n'avaient pas assez de puissance pour rendre leurs jugements directement exécutoires. Quiconque désobéissait aux injonctions de la Cour se mettait hors la loi. Ses actes n'enchaînaient plus la responsabilité de ses parents et, par contre, les parents de ceux qui lui causaient un dommage devenaient également irresponsables. Il tenait sa vie entre ses mains. Nous ne pouvons douter que la violence et l'effusion de sang, autorisées par la loi dans certaines circonstances, aient été fréquentes durant l'enfance des cours judiciaires, et le premier service qu'elles aient rendu à l'humanité devait être de lui fournir une alternative contre la brutalité, mais sans en étouffer complètement l'habitude. Leur valeur et leur caractère bienfaisant paraissaient donc probablement d'autant plus remarquables que leur pouvoir était imparfait et leurs opérations irrégulières. Mais, peu à peu, à mesure que se développa la puissance souveraine de l'Etat mettant de plus en plus ses armes à la disposition des tribunaux, leurs décisions acquirent une efficacité inflexible. Désormais, il fallut se soumettre sans hésiter et obéir implicitement. Il se forma ainsi tout un ensemble de mœurs et d'idées nouvelles prenant pour centre l'assujettissement indiscuté aux prescriptions légales. L'habitude constante de cette obéissance, et, par suite, le retrait des sanctions pénales à l'arrière-plan, nous dévoilent le secret de mainte transformation juridique. Nous avons vu que l'*ordre légal* des Douze Tables, attestant l'importance primitive de la procédure, survécut longtemps après avoir perdu sa signification. Mais, comme chez les Romains l'administration de l'Etat conserva toujours un cachet de supériorité relative et devint même à la fin le type de l'or-

(1) Notre mot *saisie* ne peut rendre exactement ici la physionomie du mot *distraint*, qui n'emporte pas nécessairement l'idée d'un concours judiciaire et ne suppose pas la présence d'une sorte d'officier ministériel comme nos huissiers. *Aide-toi, la loi t'aidera*, telle est au fond la formule qui conviendrait à ce régime de barbarie mitigée par l'équité. On le retrouve encore aujourd'hui partout où la civilisation se heurte contre la sauvagerie ; et, dans l'Afrique australe, les *commandos* des Boërs contre leurs voisins, — Cafres, Zoulous ou Basoutos, — ne sont qu'un moyen d'opérer la *distraint* sur une grande échelle pour se venger d'offenses plus ou moins imaginaires (*Note du traducteur*).

dre et de la paix, — la force, pouvoir moteur du droit, fut de bonne heure reléguée à distance. La classification des Institutes assignant aux actions, non le premier, mais le troisième et dernier rang, témoigne que cette habitude d'obéissance au droit était assez profondément enracinée pour devenir inconsciente. Mais, une preuve encore plus frappante est la conception naissante du droit naturel, qui n'est en réalité que le droit divorçant avec ses propres sanctions pénales. L'exil à perte de vue, si l'on peut ainsi dire, de la force motrice du droit est bien plus complet dans le monde moderne que dans le monde romain, et cela, en partie d'abord à cause du caractère inexorable qu'affectent partout les décisions des cours judiciaires, mais sans doute aussi à cause du long ascendant de théories procédant en ligne plus ou moins directe du *jus naturale* des Romains. Pour les analystes modernes, Bentham et Austin, la grande difficulté a été de retrouver où elle se cachait, la force qui sanctionne la loi. Il leur fallait montrer qu'elle n'avait point disparu et ne pouvait point disparaître; mais qu'elle existait simplement à l'état latent parce qu'elle s'était transformée en habitude permanente d'obéissance. Aujourd'hui encore, leur affirmation qu'elle est toujours présente partout où les tribunaux administrent le droit semble à bien des gens une idée paradoxale, — apparence qu'elle perd, si je ne me trompe, dès qu'on appelle l'histoire au secours de l'analyse philosophique.

Ce qui distingue essentiellement ici les classifications primitives et grossières des classifications modernes plus ingénieuses est que les règles relatives aux actions et à la procédure tombent dans une catégorie inférieure et constituent, suivant l'expression de Bentham, le droit *adjectif*. Les auteurs des Institutes avaient pu s'élever jusque-là puisqu'ils n'avaient attribué aux actions que le dernier tiers de leur système. Nul ne sait mieux qu'un Anglais combien cet arrangement est loin de se présenter facilement et spontanément à l'esprit. Durant l'enfance des cours judiciaires, le droit des actions exerce un tel ascendant, que le droit substantif paraît tout au plus filtrer lentement entre les interstices de la procédure et que les juristes primitifs ne peuvent le discerner qu'à travers l'enveloppe de ses formes techniques. Les sociétés civilisées semblent même éprouver parfois des retours vers cette condition intellectuelle. Plus d'un, parmi nous, peut encore se rappeler comment cette tendance à amender la législation qui fit partie du grand mouvement dont le souvenir demeure associé au premier Acte de Réforme, se manifesta d'abord par la réhabilitation énergique d'un étroit rigorisme en matière de *pleading* (1), si bien que durant plusieurs années, les questions pratiques en suspens furent entièrement rejetées dans l'ombre par les discussions sur la meilleure manière d'argumenter devant la Cour. C'était précisément l'état de choses qui existait chez les Germains lorsque les anciennes cours de *centaines* administraient la loi Salique. L'effet des « nouvelles règles de *pleading* » ne s'est épuisé que très lentement ; et c'est hier seulement que les Actes sur la judicature, — Actes dont l'influence ne s'est pas encore fait complètement sentir, — ont placé les cours judiciaires sur le pied qui leur convient naturellement dans un pays où elles sont regardées comme simplement comprises dans le droit adjectif.

Les classifications les plus récentes s'appuient, non sur la distinction entre les personnes et les choses, mais sur la distinction entre les différentes espèces de droits. J'ai déjà dit que la notion correcte de droit légal n'est pas d'origine ancienne, pas même romaine, mais qu'elle appartient évidemment aux temps modernes. Sans doute, avant qu'elle prenne corps, il faut que l'idée d'une cour judiciaire, toujours aussi active que par le passé et dominant tout le terrain juridique, se soit quelque peu affaiblie. En ce qui regarde spécialement une classe importante de droits, — les droits nés d'un contrat ou d'un délit, — il est indéniable que les Romains confondirent les notions de *droit* et de *devoir*. A leurs yeux, les parties se trouvaient liées par un *vinculum juris*, et le mot *obligation*, employé pour désigner cette chaîne légale, pouvait signifier *droit* aussi bien que *devoir* : par exemple, le droit d'exiger le paiement d'une dette aussi bien que le devoir de la payer. Ainsi que j'ai eu l'occasion de le montrer ailleurs, les Romains conservèrent en réalité tout entière la métaphore de la *chaîne légale* et ne regardaient pas plus un bout que l'autre (2). Or, c'était la cour judiciaire qui avait soudé les anneaux de la

(1) On sait que le *pleading* anglais répond moins aux plaidoiries qu'aux *ajournements* et *défenses* de la procédure française (*Note du traducteur*).

(2) *L'Ancien droit*, trad. Courcelles-Seneuil, p. 307.

chaîne; et pour expliquer cette confusion d'idées ainsi que les autres confusions analogues de la phraséologie juridique à cette époque, il faut supposer, à mon sens, que la prédominance des cours judiciaires sur l'ensemble des conceptions légales continuait à influencer les Romains dans leur manière d'envisager le droit. Assurément, les auteurs des Institutes n'ont pas inventé, et ne pouvaient d'ailleurs pas inventer, l'arrangement basé sur la classification des droits ; mais ils n'en ont pas moins atteint, comme nous l'avons vu, la notion du droit indépendamment de la procédure, et compris la possibilité de le diviser en droit des personnes et en droit des choses. La nature exacte des relations qui existent entre ces deux départements a suscité de vives controverses chez les modernes, et ne saurait devenir ici l'objet d'une nouvelle discussion. Mais, si l'on veut se rappeler quelles étaient en matière de droit les idées antiques sur lesquelles j'ai essayé de projeter quelque lumière, on se convaincra peut-être que la conception du droit des choses fut, à tous égards, un grand succès d'abstraction; et celui-là dut posséder un véritable tempérament juridique qui le premier sut étudier le droit en l'isolant à la fois des cours de justice qui l'administraient et des diverses catégories sociales auxquelles on l'appliquait.

www.ingramcontent.com/pod-product-compliance
Ingram Content Group UK Ltd.
Pitfield, Milton Keynes, MK11 3LW, UK
UKHW020439220726
13923UKWH00005B/2228

9 782019 291198